TEXTOS
MOACYR LUZ

COM INTERVENÇÕES DE
RUY CASTRO

FOTOGRAFIAS
ROMULO FIALDINI

Pirajá
Uma Esquina Carioca

DBA

Copyright © 2010 by Pirajá – Esquina Carioca

Reservados todos os direitos desta obra.
Proibida toda e qualquer reprodução desta edição
por qualquer meio ou forma, seja ela eletrônica, mecânica,
fotocópia, gravação ou qualquer meio de reprodução,
sem permissão expressa do editor.

Editor
ALEXANDRE DÓREA RIBEIRO

Coordenação geral
EDGARD BUENO DA COSTA

Editora executiva
ANDREA M. SANTOS

Assistente editorial
LÍGIA COSTA

Textos
MOACYR LUZ

Intervenções
RUY CASTRO

Dicas musicais e receitas
MOACYR LUZ

Fotografias
ROMULO FIALDINI

Pesquisa iconográfica
CLAUDIA RICCI
GABRIELA MIRANDA

Projeto gráfico
VICTOR BURTON
ANGELO ALLEVATO BOTTINO

Revisão
MÁRIO VILELA

Produção gráfica
EDGAR KENDI (ESTÚDIO DBA)

Pré-impressão
PRATA DA CASA

Impressão e acabamento
R.R. DONNELLEY

Iconografia
ACERVO ARQUIVO NACIONAL p. 23, 44, 64, 105

ACERVO PIRAJÁ p. 73 (Christian Parente), 74b (Christian Parente), 78 (Christian Parente), 94, 97b (Casi), 106

AGÊNCIA O GLOBO p. 20a (Leonardo Aversa), 20b (André Teixeira), 21a (Willian de Moura), 32a (Leonardo Aversa), 32b (Willian de Moura), 70 (Marcelo Piu), 90, 101 (André Teixeira), 118 (Camila Maia)

ANTONUCCI p. 109

BETTY BRADER p. 3

CARLA CAFFÉ capa, p. 97a

EDITORA SOLARIS p. 5b (extraído do livro "Lembranças do Brasil" – João Emilio Gerodetti)

FOLHA IMAGEM p. 9a (A. de Carvalho), 21b (Rafael Andrade), 51 (Ubirajara Dettmar)

GETTY IMAGES p. 5a (Tom Morrison)

HANS MANN p. 8a, c

JAGUAR p. 18, 24, 35, 47, 56, 59, 60, 67, 89, 102

KOOPS-MARCUS COLLECTION 5a, 13c, 40b, 52b, 81b, 110b, 117b

LAN guardas, p. 77

NILTON BRAVO p. 68-9

PÁEZ TORRES p. 2

PAULO FRIDMAN p. 4a, c

R. LANDAU p. 8b, 9b

ROMULO FIALDINI 4ª capa, p. 6, 10, 12, 13a, 14, 28, 31, 40a, c, 52a, c, 55, 68a, 74a, 76, 81a, c, 85, 86, 109, 110a, c, 114, 116, 117a

DBA DÓREA BOOKS AND ART
Alameda Franca, 1185 conj. 31/32
01422-001 – São Paulo – SP – Brasil
Tel.: (11) 3062 1643
Fax.: (11) 3088 3361
dba@dbaeditora.com.br
www.dbaeditora.com.br

A história dos botequins em uma rodada

Quando o Brasil nem era Brasil, os botequins já existiam lá do outro lado do oceano. Tipicamente portugueses, nasceram sob o nome de botecos ou botequins (derivação do grego apoteque, que significa depósito), mas logo ficaram conhecidos como tascas.

Bem mais velhas que o nosso Pedro Álvarez Cabral, as tascas eram um ponto de encontro nas vilas e aldeias portuguesas. No começo um lugar restrito aos homens, onde eles podiam conversar longe dos olhares femininos e, eventualmente, gazetear a missa. Mais tarde, um espaço aberto também às mulheres.

Vistas pela burguesia como lugares de vício, as tascas logo provaram ser muito mais do que isso. Eram para as classes mais baixas um espaço democrático, refúgio da liberdade operária do século XIX, e também um lugar onde se resolviam questões cotidianas, como emprestar dinheiro, fazer caixinhas ou organizar casamentos e batizados. Quase uma segunda casa. Tanto que, em algumas tascas, quem trazia o petisco, sempre saboreado com um bom azeite, não pagava o vinho. E a conversa girava com rimas próprias. Mata-bicho, por exemplo, era a aguardente que se pedia logo de manhã. E, ramadola, o sujeito que exagerava na dose.

Essa atmosfera despretensiosa e amigável veio para o Brasil junto com os portugueses. Emigrou para as esquinas e para o coração das nossas cidades. E, como tudo que é bom resiste ao tempo, os botequins estão cada vez mais vivos, colocando na mesa a sua velha fórmula: um vinho, aquela gelada e bolinhos e petiscos acompanhados por um delicioso azeite.

Andorinha. O azeite deliciosamente suave.

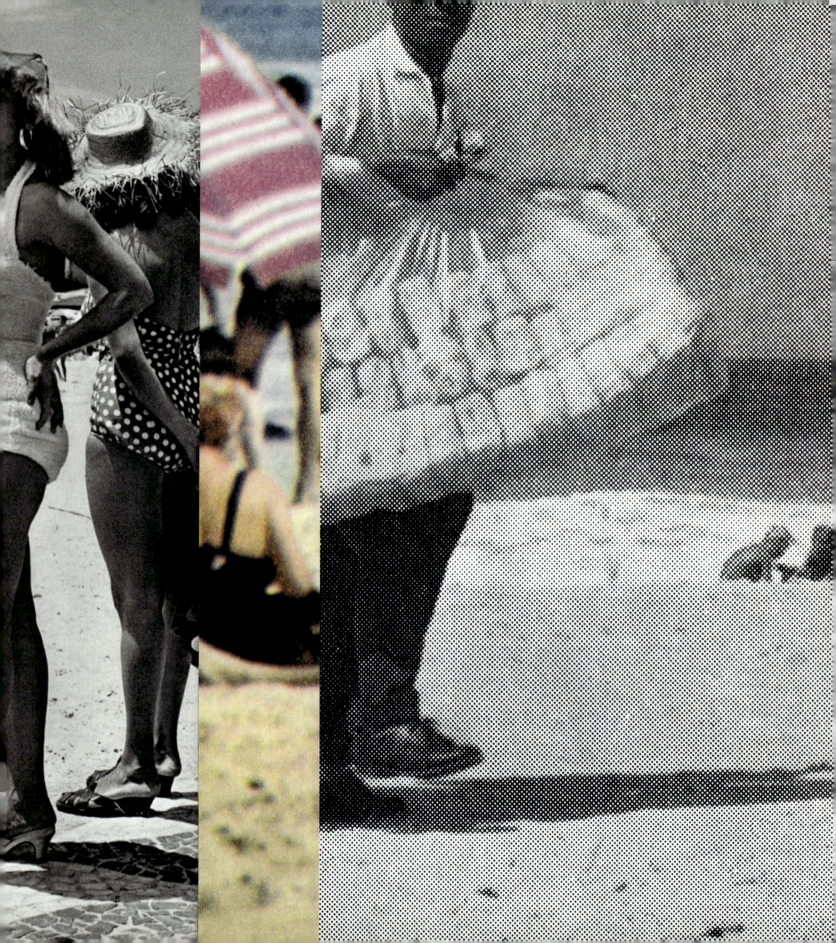

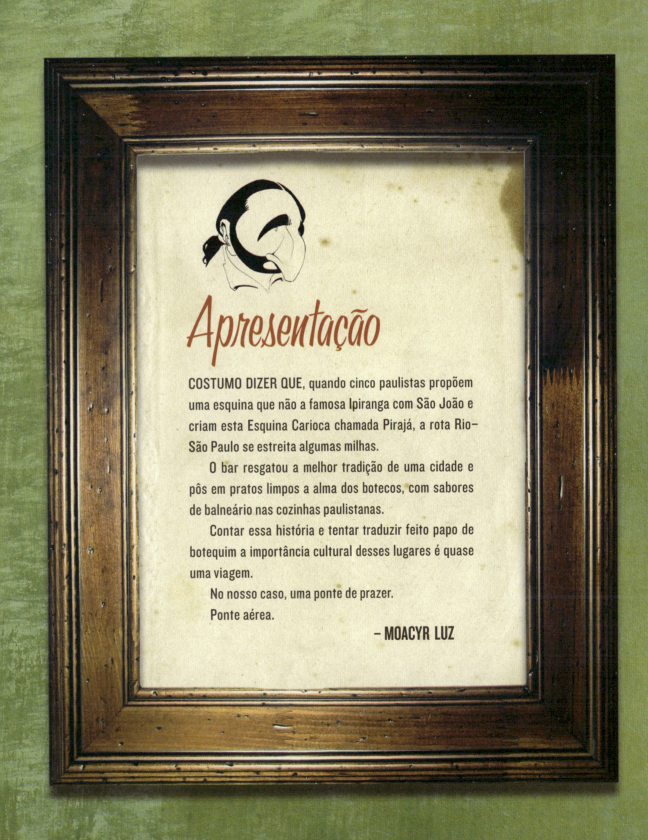

Apresentação

COSTUMO DIZER QUE, quando cinco paulistas propõem uma esquina que não a famosa Ipiranga com São João e criam esta Esquina Carioca chamada Pirajá, a rota Rio–São Paulo se estreita algumas milhas.

O bar resgatou a melhor tradição de uma cidade e pôs em pratos limpos a alma dos botecos, com sabores de balneário nas cozinhas paulistanas.

Contar essa história e tentar traduzir feito papo de botequim a importância cultural desses lugares é quase uma viagem.

No nosso caso, uma ponte de prazer.

Ponte aérea.

— MOACYR LUZ

PIRAJÁ O Livro

Não sei se a tese é minha, mas, para os que ainda não notaram, o Rio de Janeiro é um balneário.

As mesmas pessoas conseguem lotar o Bracarense ou o Chico & Alaíde simultaneamente, todas jurando fidelidade aos donos:

– Só piso aqui, palavra!

Na grande vila que é esta cidade, um sussurro se ouve até a última casa. A diferença é que nem sempre a conversa evolui, e aí o assunto cai num necessário silêncio.

Mas nem sempre.

Eu frequentava um antigo bar na Tijuca, o Dona Maria. Entro para os usuais engradados de cervejas do dia, e a querida matriarca fala com voz de interior:

– Ô Moacyr, hoje me parou uma van aqui com cinco rapazes bem-vestidos. Tiraram fotos da almôndega e da mesa velha e ainda fizeram o Rubens posar de pano de prato no ombro.

Na minha cabeça, um agradecimento aos cavaleiros sem agá. Lembrar-se do Rubens, um garçom de oitenta anos, mentiroso feito Dom Quixote, e, não bastasse, dar valor àquele centenário bolo de carne nem rebatizado em tempos modernos?

Dias depois, resolvo visitar um amigo distante, Baiano, tradicional morador da Siqueira Campos, movimentada rua de Copacabana.

– Adega Pérola, serve?

Sentamos naqueles invasivos bancos em paralelo, todos vizinhos por obrigação. O garçom traz o chope com uma frase em eco:

– Ontem uns rapazes numa van sentaram aqui e comeram de tudo...

– Eram cinco?

– Acho que sim...

– Comeram de tudo? Até os roll-mops?

Arrisquei um palpite. Os caras eram profissionais. Glutões em excursão.

* * *

Sou do tempo do caderninho para anotar itinerários.

Se estivesse escrito GPS, afirmaria ser uma abreviação dos tira-gostos da véspera: gororoba, pezinho e sardinhas.

Meu mapa também tem tesouros apontando atrás de curvas rabiscadas, rios de poucos mergulhos, esconderijos de bons achados.

DICA MUSICAL
"Entre o torresmo e a moela"
(Aldir Blanc e Maurício Tapajós)
ALDIR BLANC E MAURÍCIO TAPAJÓS
Aldir Blanc e Maurício Tapajós, Saci, 1994
PARA OUVIR ENQUANTO LÊ

Roll-Mops

O ROLL-MOPS é um tira-gosto que, em alguns casos, exige do sujeito que prova uma atitude firme, feito receber com seriedade uma notícia de falecimento.

Originariamente era feito com arenque, mas na versão tupiniquim temos o costume de usar sardinha. Fica igualmente saboroso.

- Separe belas sardinhas, cuidando para escolher a variedade com pouca espinha, de preferência já limpas e abertas.

- Retire a coluna central e o rabo e divida em filés. Cada sardinha, dois filés.

- Em alguns casos, lambuze os filés com mostarda comum.

- Escolha cebolas pequenas, as menores possíveis, cruas.

- Enrole os filés nas cebolas, feito bife rolé, prendendo a peça com palitos.

- Prepare um vinagrete usando vinagre, alguns grãos de pimenta-do-reino, pepino em rodelas, sal e água na proporção necessária.

- Pense que o sal ajudará a marinar melhor o peixe.

- Reserve um recipiente bem esterilizado e deixe as sardinhas imersas no vinagrete.

- Sirva depois de cinco dias na conserva.

Aconselho acompanhar com uma boa dose de vodca do congelador.

👉 Intervenção

NO DIA 1º de janeiro de 1502, Américo Vespúcio entrou pela baía de Guanabara a bordo da esquadra do português Gonçalo Coelho. Eram os primeiros brancos a pintar por aqui. E Vespúcio não conseguia passar por um lugar novo e bonito sem batizá-lo – lambia o dedo, folheava o calendário litúrgico (para saber qual era o santo do dia) e sapecava o nome deste no dito lugar. Mas, naquela vez, ele embatucou: não havia santos no dia 1º de janeiro.

Embatucou por instantes. Ao lhe cair o queixo diante da acachapante baía, pensou que ela fosse a foz de um rio e mandou: rio de Janeiro. Belo nome. Em 1565, ao fundar a cidade para valer, Estácio de Sá ampliou-o para São Sebastião do Rio de Janeiro – a muy leal e heroica, você sabe.

O carioca adorou, mas não quis saber. Ignorou os apêndices e reduziu tudo imediatamente para Rio – muito mais morno, sonoro e sensual. E deixou para os de fora a tarefa de chamar o Rio de "Rio de Janeiro", com nome, sobrenome e CPF, como num cartão de visitas.

Claro que, neste texto, ao chamar o Rio de "Rio de Janeiro" pela segunda vez, o carioquíssimo Moacyr Luz está apenas introduzindo a cidade aos leitores – donde a formalidade engomada. A partir de agora, quando se referir ao Rio, ele o tratará (espero!) apenas de Rio, como todos nós. Com aquela intimidade de bermuda e chinelo que o carioca transformou no saudável estilo de vida de sua cidade.

UM MOMENTO HISTÓRICO EM 1502 DC, NA CARAVELA DE AMÉRICO VESPÚCIO

SE EU CHEGASSE AMANHÃ CHAMARIA DE SÃO BASÍLIO. MAS HOJE, 1º DE JANEIRO, NÃO TEM SANTO DO DIA. E AGORA?

jaguar.

Rumo: Benfica. Bar Adonis. Sol de verão na Grécia e, mesmo sendo no Rio de Janeiro, maresia, só dos gases carbônicos desprendidos pelos caminhões que engarrafam a avenida Brasil, a espinha curva do lugar.

Sento para beber o melhor chope da região. Antero traz a canequinha e ameaça um assunto:

– Ô Moa... engraçado, ontem...

– Já sei! Cinco caras numa van sentaram aqui e tiveram a malandragem de pedir meia porção do milanesa à francesa. É isso?

* * *

Talvez haja um trauma escolar, um desvio de sinapses, que me faz recorrer sempre aos parêntesis. Preciso dessa palavra grega, sei lá, para explicar o óbvio, torcendo para não perder a estrutura da história.

* * *

O sujeito que gosta de bar reconhece num prego enferrujado de que pende o abridor curvado pelo tempo um diamante de importância.

A emoção de escutar a panela de pressão amolecendo as moelas que virão no molho de tomate, o alívio de encontrar a porção de pastel sequinha, sem gordura, e confiar cegamente na empada de camarão, crustáceo pescado há poucos minutos no mar que banha os nossos corações, é fundamental. Digo mais: é genético. Tem que nascer dentro da gente.

* * *

A história dos cinco rapazes que percorriam os melhores potes de ouro do nosso arco-íris vazou na vila carioca. Foram atrás das empadinhas do Salete. E das forminhas também!

19

Página dupla seguinte:
BAR LAGOA
Lagoa, Rio de Janeiro
2007

RESTAURANTE NOVA CAPELA
Centro, Rio de Janeiro
2009

BAR ADONIS
São Cristóvão, Rio de Janeiro
2008

BAR LUIZ
Centro, Rio de Janeiro
2008

Página ao lado:
BAR E CAFÉ LAMAS
Flamengo, Rio de Janeiro
1972

Provaram as sardinhas da Miguel Couto, a salada de batata do Bar Luiz, o bolinho de aipim do Bracarense. Foram ao Vieira, do Lamas, clássico garçom desse histórico salão. E, antes de pôr um ponto parágrafo, ainda beberam com o Cícero do Capela e receberam um abraço cordial do gerente do Bar Lagoa.

Eram de São Paulo e gostavam dos nossos pés-sujos.

* * *

Existe outra espinha neste capítulo que não engasga, dá corpo.
Nós daqui tratávamos esses bares citados com o vício de um usuário.
No Maria, eu mijava num buraco recortado que havia no chão.
No Bracarense, as mulheres dobravam-se sob o balcão do gerente para alcançar o "toalete", e, no bar das sardinhas, um tapete de guardanapos amassados e engordurados completava a decoração do ambiente.

22

👉 Intervenção

BANHEIROS DUVIDOSOS, tapetes de guardanapos amassados, moscas no conhaque e óleo de um ano – tudo isso era verdade (e ainda é). Mas de que outra maneira desenvolveríamos os anticorpos? De onde tirar a imunidade para os corpúsculos (só visíveis a microscópio) que dividiam conosco os pescoços, asas e pés de galinha saídos da crosta preta? E como sobreviver à empada que ficou famosa por matar o guarda, mas que também vitimava os paisanos?

Todos nós sempre soubemos disso e, ao adentrar o mais sórdido dos botequins, deixávamos a esperança do lado de fora. Horas depois, saíamos dali temperados – ou seja, com nova têmpera –, prontos para os grandes embates da vida, com os patrões, os desafetos ou as mulheres. Quem quisesse guardanapo de linho de 3 mil fios, flûte art-déco de cristal por Lalique e suave lavanda de almíscar, que fosse aos restaurantes do Copa e do Ouro Verde, bolas.

Quanto à célebre e letal empada, levou sua fama para a posteridade injustamente, porque tanto os guardas como os paisanos logo adquiriram imunidade contra ela. A última vez que alguém se deixou envenenar foi em 1967, e deve ter sido algo tão excepcional que Nelson Rodrigues até escreveu uma crônica a respeito, no lendário jornal *O Sol*.

Feito um regulamento dos botequins mais vagabundos, vez por outra alguém espantava as teimosas moscas que bicavam o conhaque no balcão carcomido. E só aos gritos se arranjava papel higiênico.

Longe de criar uma teoria, o bar era uma desocupação até para os donos.

O português investia no passeio anual à terrinha.

O cearense, mão-fechada, dormia entre pesadelos da miséria passada e acordava mais econômico para não arriscar uma reforma na cozinha ou no óleo que aniversariava no fundo da frigideira de crosta e cabo pretos.

Esse marasmo de torresmo ressecado e pés de galinha durou até os cinco rapazes zanzarem pela cidade de esquinas diferentes daquela da Ipiranga com São João.

Arquitetos de uma nova história, abrem o Pirajá, Uma Esquina Carioca.

* * *

O livro não é biográfico, eu sei.

Um bar no Bexiga chamava a atenção de nós, cariocas.

Não era a carne assada, o bolinho de bacalhau, o prato do desejo. No cardápio, samba. Afinal, a gente titânica não quer só comida "a gente quer comida, diversão e arte".

No menu de um sábado de 1998, a atração no Villagio, o tal bar, era o meu querido Walter Alfaiate, e o destino quis que um ou os cinco rapazes da van estivessem na plateia.

Fim do show, mesas próximas ao artista, nasce uma amizade entre as produtoras do consagrado sambista e um ou logo os cinco.

E a coincidência. Elas também trabalhavam comigo.

Ainda no terreno da conspiração, minha agenda apontava para um show dias depois na capital paulistana, e, desde a apresentação do Walter, o assunto, além do belo repertório, incluía o convite carinhoso:

– Moa, visite o Pirajá.

Minha personalidade tradicional torce o nariz para novidades, mas o tal instinto birosqueiro falou mais alto, e marcamos de terminar a noite provando o chope e alguns acepipes de surpresa.

Para completar o mapa, um dos cinco rapazes assistiu ao espetáculo que fui apresentar no Sesc Ipiranga, o show do disco *Mandingueiro*.

Avisto de longe o bar, e a primeira sensação ficou para sempre, simbolizando esse encontro.

Ele parece um arpão perfurando a esquina. Um navio singrando o tédio da rua, carregando um lastro de viajantes marejados, todos sem rumo. Ou melhor, todos no mesmo rumo, vida.

Torresmo

HOUVE ÉPOCA em que eu comia torresmo até no café da manhã.

Tive um avô que comia em jejum. Dizia que a gordura protegia o fígado. Morreu sem as duas pernas.

Gosto de usar a pele do porco, ou toucinho, ou barriga, sei lá, comprados na feira, onde também se compram chouriços, linguiças caseiras e vísceras para o sarapatel.

- Corte a pele em cubinhos ou, imitando botequins vagabundos, em tiras em formato de barra de cereal.

- Numa boa panela, junte uns 200 ml de óleo ou banha de porco dissolvida. Ajeite o sal e acrescente vinagre ou uma dose de cachaça à fritura.

- Agora vem o importante: não pare de mexer nunca, e cuidado com os respingos de óleo que saltam da panela!

- Não pode grudar um cubo no outro.

- Quando você notar aquela maravilhosa cor de ouro, tampe a panela um pouco e depois escorra o excesso de gordura.

- Feita essa operação, alguns experts garantem que, para o torresmo ficar imbatível, é necessário guardar a panela na geladeira por dois dias.

- Aí sim, puxando de novo a fritura, ele fica no ponto.

Eu gosto com cerveja no preparo. Um pires pequeno basta.

Sentei em silêncio, notando o estofado das cadeiras de curvim marrom. As mesas tinham bordas no limite da fórmica, madeira pura, muito longe destas insuportáveis banheiras de plástico que, em cores berrantes, estampam o patrocinador garganta adentro.

As lâmpadas estão protegidas por lustres que só vi quando meu pai, morto há trinta anos, me fez sentar num restaurante pela primeira vez na vida. Ele entre goles de cerveja preta, e eu, calado.

Olhei o balcão com o nome do bar incrustado no mármore feito brasão de família e quase congelei com o tamanho da serpentina do chope.

Nas paredes, seu Rubens, o garçom do Maria, e seu pano de prato na foto comentada.

Manobrando a esquadra, fotos do Vieira e tantos outros fundamentais na arte de servir e ter paciência com nossas almas quando estamos à deriva da razão.

O pescoço se torce, e descubro uma foto do Pelé vestindo a camisa do Flamengo, meu invencível time.

Se não fosse o pudor, eu gritaria até ser levado numa camisa de força:
– Que maravilha! Que maravilha!

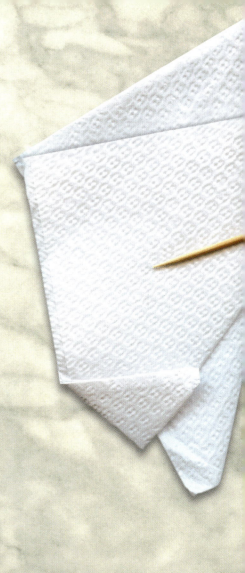

* * *

Fui pago para escrever, não para mentir.

Não sei o signo do Pirajá, a cor dos seus olhos, quadris nem ascendentes, mas me apaixonei.

Havia naturalidade nos seus gestos. Se fosse feminina, teria a delicadeza na louça que apresentava os camarões. Se masculino, os alhos dourados no melhor azeite, um rubro na casca, um rasgo na pimenta.

Minha dificuldade com maîtres evaporou quando David, o primeiro da casa, riu entre os broches na lapela. Sendo o bar numa esquina, ele seria o guarda que nos ajuda a atravessar. É isso, sair da sombra para a luz, do mudo para o falado, do mono para o estéreo, a diferença.

Por isso, dormi impaciente. Precisava voltar antes da primeira despedida.

Essa sensação, me permitam a ousadia, contaminou a rua, o bairro, a cidade, a história.

Não era o sabor do bolinho de abóbora com carne-seca, o grande achado da noite.

Não.

Não havia mais sentido em entender um bar com sua preguiça vã.

Num risco de sentimento, a rotina da relação.

Um dia nubla, é tarde demais.

* * *

Por que sentar num botequim e comer a empada que matou o guarda?

Qual a razão daquele cabo de vassoura ser o chaveiro do banheiro feminino?

E a gordura do copo americano? A sardinha com ares de múmia, o queijo porejado e duro, o ovo colorido?

Pera lá! Ovo colorido é o máximo, mas só ele ali, sozinho no prato duralex, cantando parabéns para si mesmo?

DICA MUSICAL
"Papo de amador"
(Wanderley Monteiro, Luiz Carlos Máximo e Zé Luiz)
WANDERLEY MONTEIRO
Vida de compositor, Seven Música, 2004
PARA OUVIR ENQUANTO LÊ

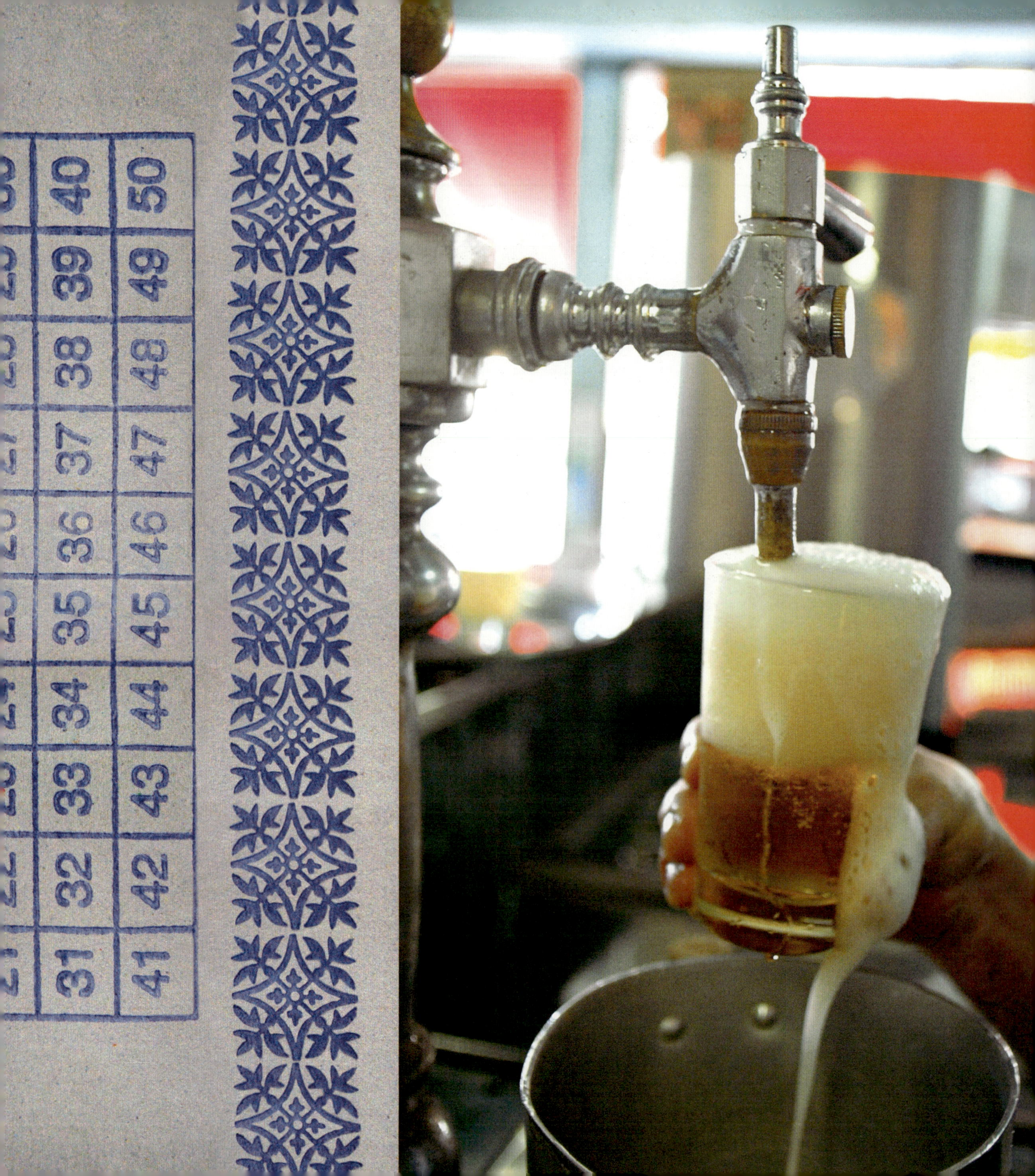
31 32 33 34 35 36 37 38 39 40
41 42 43 44 45 46 47 48 49 50

Tem mais.

Uma das frases mais ouvidas em bar de chope é:

– Um na pressão, direto!

Os amigos sabem o que é quer dizer "direto"? Explico.

Direto quer dizer não passar pelo balde que fica guardando as sobras de outros chopes.

O tirador passa a régua no copo do vizinho e empurra para o teu o saldo anterior.

Pergunto, em desabafo:

– Precisa disso?

Três grandes amigos e parceiros – Zé Luiz, do Império Serrano, mais Máximo e Wanderley Monteiro – têm um belo samba em que narram o desprazer de beber numa sexta-feira.

Olhem este trecho:

Já resolvi, não vou sair mais sexta-feira.
Já vi mesmo que é besteira,
É negócio pra amador.
Pra começar, os bares estão todos lotados,
O chope quente, baldeado,
E os garçons de mau humor.

Quando estreei meu fígado no Pirajá, o chope saía da torneira em jorros de ânforas, límpido, cada caldereta bailava na bandeja feito titânio no gelo, temperado no limite de um continente.

E era uma sexta-feira, 6 de junho de 1998.

* * *

Tenho as minhas cismas com os onipresentes tomates secos e mozarelas de búfala.

Página ao lado:

BAR ADONIS
São Cristóvão, Rio de Janeiro
2008

Os xiitas dirão:
— No Pirajá, tem!

Sim, além do casalzinho da moda, vi no balcão mexilhões polvilhados com cheiro-verde.

Encontrei vôngoles, umas linguicinhas cozidas, o melhor gorgonzola do hemisfério e outros mediterrâneos vinagretes. Sem caçar de lupa o inesperado, aquela variedade só fui conhecer dez anos depois, numa bodega madrilenha.

*   *   *

Voltei para o Rio com a face fria da surpresa. Como traduzir aos próximos que um bar em São Paulo batizado com o nome de uma rua de Ipanema, o bairro da Leila Diniz, do Albino Pinheiro, do Jaguar, entendeu o espírito da coisa?

*   *   *

Vamos aos parêntesis.

Tenho dois amigos especialistas no quesito botequim: Paulo Thiago e Guilherme Studart. Os dois foram responsáveis em épocas diferentes por algumas edições do *Guia de Botequins do Rio de Janeiro*.

A eles, o meu sincero respeito.

Numa dessas tardes em que o tempo pára, para não esquentar o chope, sento com o Paulo Thiago:

— Pois é, Moa... Boteco, para mim, tem que ter um garçom que me diga: "Não vai na pescadinha, não... Vai por mim, pede o peito de frango..." – e esse garçom ainda dá uma piscadinha.

Não aguentei:

— Quer dizer que boteco bom tem esse garçom amigo que entrega o cozinheiro, o gerente, o dono, a pescadinha estragada, o filé duro?

Intervenção

DESDE QUE começou a mania da mozarela de búfala nos restaurantes de São Paulo, nunca achei um garçom que me respondesse à pergunta: "A mozarela é um queijo, certo? O queijo é feito de leite. Então, o que eu desejo saber é o seguinte: quem ordenha a búfala?"

Sempre me comovi com a imagem de um pobre peão de fazenda na ilha de Marajó, de cócoras, com água pelos peitos, espremendo as tetas da búfala, arriscando-se a um coice na testa – e tudo isso para o nosso deleite em comer a mozarela em que tal leite se transformou.

Imagine agora essa cena em massa: centenas de peões, todos metidos na água e trabalhando furiosamente nos úberes das búfalas, com dezenas deles tombando aos coices das bestas e outros saindo assustados, mas ilesos, com o balde cheio, levando o precioso líquido para as queijeiras.

Eram imagens muito cruéis, razão pela qual nunca consegui gostar de mozarela de búfala. Além disso, parafraseando o Millôr, homem que é homem não come mozarela de búfala – come búfala.

Capa de filé

UM CONCEITO CLÁSSICO de botequim vagabundo é que o tira-gosto custe o menos possível. Pelo menos para o dono da espelunca. A boa espelunca.

Por isso, jiló, ovo colorido, sardinha frita ou na lata, tremoço, torresmo etc.

Nesse quesito, a capa de filé é olímpico vencedor na relação custo-benefício. Parece até vinho, mas é carne de segunda.

- Escolha uma peça que tenha alguma gordura.

- Pense nela como um lagarto, redondo – o processo é o mesmo.

- Tempere tradicionalmente, com alho, pimenta-do-reino, sal, temperos verdes e, se quiser, um vinho para realçar o sabor.

- Faça na pressão ou em outra panela, dourando sempre e pingando água. Assim é maravilhoso!

- Agora, o detalhe de quando é feito em botequim: colorau! Além de dar uma cor dos deuses, faz um molho ativo para passar o pão. Mas cuidado com a manga da camisa. Todo bebum profissional tem essa parte da roupa manchada pelo condimento.

Eu sugiro qualquer coisa para beber: chope na pressão, vinho de caneca mesmo, cachaça...

* * *

Sempre que posso, desfilo outra teoria: o dia que a mulher entrou no bar não para chamar o marido, mas para sentar e pedir uma capa de filé e chope na pressão, a cozinha lá dentro fritou de medo e correu atrás da qualidade.

* * *

Há trinta anos, minha mãe, num último apelo, me disse:
– Tá, meu filho, bebe, bebe! Só não come aquela comida de botequim...
Hoje, ela sabe de cor a minuta da esquina e ainda leva na quentinha a metade do almoço.

* * *

Saltei no Santos Dumont querendo voar mais que o inventor.
Não mijo mais em cima de limão azedo nem de naftalina diluída em guimbas de cigarro.

37

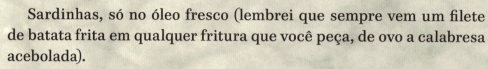

Sardinhas, só no óleo fresco (lembrei que sempre vem um filete de batata frita em qualquer fritura que você peça, de ovo a calabresa acebolada).

Não sou rei para morrer envenenado.

* * *

Santa Teresa é um bairro dos mais pitorescos do Rio de Janeiro. Altas ladeiras, casario restaurado de épocas bem remotas e muitos bares harmoniosos, há largos também.

Era uma dessas festas com ares de quermesse, show num palco improvisado dentro de um dos bondes que serpenteiam pelas ruas da região. O largo era das Neves.

Eu e Luiz Carlos da Vila.

Depois dos sambas cantados, notei na esquina oposta a grata presença dos cinco rapazes do Pirajá.

Fiquei surpreso. Aquela apresentação era para iniciados, o boca a boca era o único ingresso ao palco desacampado. E basta você falar o nome do bairro para o taxista ter uma síncope.

Estavam lá.

Marcamos um encontro para o dia seguinte no Bar do Costa, Vila Isabel.

Mesas juntas, pedimos os bolinhos de vagem, o pé de porco no feijão, o trio jiló-maxixe-quiabo e uma jarra de maracujá, a batida.

Rodamos o Siri, perto dali, terminando a noite na sede do Botafogo, onde o padrinho Walter Alfaiate estreava uma roda nos salões do clube.

Sei lá se amanhecemos no Capela, já bebi toda a memória. Mas, em algum momento dessa excursão, cruzamos os portões do Canecão para assistir ao lançamento de um disco novo do Zeca Pagodinho. Era tanta gente que a direção da casa abriu as saídas laterais e assistimos à festa da calçada interna, bebendo na grade as cervejas do camelô.

38

Maxixe-jiló-quiabo

UMA VARIAÇÃO da história do ovo e da galinha. Acho que o jiló, um dos pratos mais obrigatórios em botequim vagabundo, brotou para dar sentido à cachaça. Ou vice-versa.

Segue uma receita:

- Escolha uns maxixes bem verdinhos, retire o cabinho e raspe um pouco daquela aparência de porco-espinho.
- Corte em cubos pequenos um bacon de boa qualidade (menos rançoso e mais vermelho que branco).
- Faça um refogado do bacon com pouco óleo, para não grudar, incluindo o maxixe nessa mexida.
- Tomando cuidado para não pegar no fundo da panela, refogue até secar bem a gordura.
- Um pouco de água na panela não vai pipocar no braço.
- Abaixe o fogo.
- Prepare os jilós também retirando o cabo. De preferência, faça um corte bem na ponta, eliminando a raiz.
- Com uns 8 minutos de maxixe em fogo brando, acrescente o jiló.
- É hora de picar uns dentes de alho nessa comida.
- Quem vai dar o ponto é o jiló.
- Com ele perto de pronto, ponha os quiabos já cortados em pedaços médios e sem as extremidades.
- Confira o sal.
- O quiabo é muito rápido no cozimento. É importante que fique bem al dente.
- Na hora de servir, polvilhe com cheiro-verde bem batido.

Em tempo: eu lavo bem o quiabo, corto as pontas, continuo lavando e depois seco com pano de prato. Acho que ameniza muito a baba.

Esse prato se come com tudo, cachaça, cerveja e até vinho.

A última dose foi na Taberna do Leme.
Num abraço apertado, descobri aos quarenta anos que os cinco rapazes da van eram os meus melhores amigos: Edgard, Fernando, Mario, Ricardo e Sergio.

* * *

A ponte aérea virou o viaduto do Méier da minha juventude.
Cruzo o azul, depois um trecho da 23 de Maio, avenida Bandeirantes, entro à direita da Editora Abril e em dez minutos me encontro sentado à mesa próxima ao quadro do Nilton Bravo.
Estou no Pirajá.
Um chope na pressão e algo mais, destilado, para acalmar a mão esquerda. Olho as prateleiras que emolduram as paredes, verdadeiras sancas de álcool, e aponto:
– Desce aquela garrafa amarela!
Chega o Edgard:

– Dois cálices...

Um sorriso de "Calma, temos muito para conversar" fez abrir todas as janelas que a inspiração pede.

Podíamos só olhar para o alto. Não haveria armadilhas no chão.

* * *

Sonja – que todos pronunciam direitinho, Sônia – é a chefe da cozinha do Pira.

Peço uma carne-seca na farinha, e o prato chega maravilhoso.

Na verdade, tão especial que me espanto:

– Carne-seca, velho?

– Da melhor, Moa. Carne-seca de picanha.

– Vamos trocar isso. Onde tem mercado perto?

Seguimos de carro até achar uma ponta de agulha. Na volta, touca na cabeça, panela de pressão profissional, testamos outra receita com um pontinho a mais de gordura.

* * *

O bar institui nesse gesto o meio-termo, e explico o parágrafo.

Em poucos meses, o Pirajá virou referência em todos os lugares que um compasso possa riscar no mapa.

Havia nos guias de jornais e revistas o mesmo texto de apresentação daquele formato:

Bar estilo anos 50
Inspirado na boêmia carioca

E, sob essa epígrafe, o sujeito escolhia um nome bem suburbano – Bariri, Olaria, Bar Prudente de Moraes –, postava um são Jorge chamando o cavaleiro de são Benedito e, com sashimi no cardápio, exigia o texto:

Carne-seca

CARNE-SECA já foi comida simples. Pelo costume, o que sobrava da festa no corte do boi era salgado e guardado para ser comido na maré braba, com farinha.

Botequim que se preza aproveita a dica e inclui no cardápio. Tem desfiada, acebolada ou só na farinha.

- Escolha pedaços entremeados de gordura, a chamada ponta de agulha.
- Aconselho dar três fervuras, por conta do excesso de sal.
- Quem tem experiência, usa a panela de pressão. São 40 minutos para cada quilo de carne.
- No fim da fervura, você decide.
- Ou escorre quase toda a água e mistura farinha ou desfia nos veios, nas fibras, e decora com salsinha e farofa de alho.
- Também pode cortar em pedaços mínimos e refogar com cebola em rodelas.

Existem bares que tratam a carne-seca feito troféu de caça, um tento único. Guardam seus fornecedores, inventam mistérios na água que cozinham, põem louro em folha, dentes de alho cru, até perfumam com bouquet garni, num requinte francês.

Nada como um boa cerveja para saborear esse prato.

Página ao lado, acima:
CERVEJARIA
Rio de Janeiro
1948

Página ao lado, abaixo:
BAR NA RUA SANTA LUZIA
Rio de Janeiro
1962

Bar estilo anos 50
Inspirado na boêmia carioca

    De cada quarteirão, feito luzes que matizam na vista em dias de ressaca, nascem dois, três bares estilo anos 50. No caldeirão, jilós com cara de ciriguelas, torresmos de avestruz e picanha na pedra. Tudo inspirado na boêmia carioca – anos 50, claro.
    Meus cinco amigos buscavam, alquimistas, a essência, a raiz.
    Lembro de uma ida do grupo à minha casa da Tijuca. Servi um joelho de porco.
    Dias depois, ponte aérea, avenida Bandeirantes, encontro no cardápio deles o joelho à Garibaldi. A peça foi um achado: preparada e conservada na própria gordura, feito os antigos embutidos, colesterol desconhecido, que havia no mercadinho ao rés de casa.
    O cabrito experimentado na alta madrugada no Capela acordou decorado de alecrim fresco na minuta diária, e até no caldinho de peixe tinha peixe.

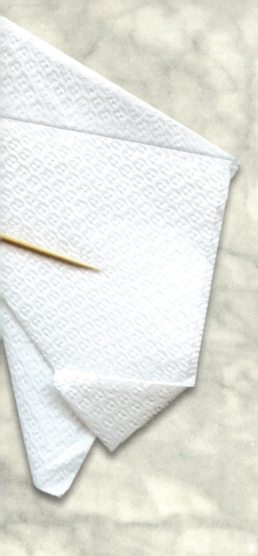

Falei com Jaguar sobre isso. E o mestre adiantou:

– Ô rapaz... Me leva!

Nas paredes do bar o samba pedia passagem. Candeia, Guilherme de Brito, Cartola.

Anjos que nos protegem, presentes.

Vamos aos anjos de baixo.

Explicada a diferença entre inspirado e expirado, cada detalhe dos acepipes tem um entalhe.

É preciso amarelar os azulejos, amaciar o mármore, encardir as louças com a natureza humana.

Jaguar faz do Zé do Pi, um ícone, um personagem. A gravata solta é um convite. Nem tudo é crítica aos pés-sujos cariocas. Nem tudo é compromisso. Tudo pode parar.

Solta o colarinho que lá vem chope. Alias, salta o colarinho.

* * *

O Santos Dumont, aeroporto, está cheio. Estou no desembarque esperando os cinco para o lançamento de mais um livro do Sergio de Magalhães Jaguaribe, o Jaguar.

Nessa época os aviões ainda eram pontuais.

Propus uma escala na Adega Pérola antes de receber o autógrafo do cartunista.

A vitrine desse bar é das mais bonitas do Rio de Janeiro.

Tem polvo à vinagrete, bacalhau com favas ou grão-de-bico, filetes de berinjela num molho de pimenta, jilós inteiros, chouriços, linguiças no vinho, fatias de parmesão no azeite e toda espécie de pescado frito, sardinha, xerelete e manjuba.

Interessante, a prateleira de bebidas já era bem variada em destilados, muito antes das cachaças mineiras se transformarem na sereia dos mares etílicos.

Rio. 25.4.99.

Garrido, Edgar
Desculpe o atraso, casa
em obras, visitas em
Itaipava y otras cositas más.
Bolái o bonequinho
que seria o Siz
do Piraçá.
Podemos chamá-lo de
ZÉ DO PI

Se quiserem mais,
é só pedir
  Bacci.
  Jaguar.

O terno branco foi
inspirado na
criação do Luiz de
Freitas pro Zeca
   Pagodinho

Berinjela à vinagrete

CÁ PARA NÓS, nem aquela esponja de aço tem mais utilidades que a berinjela.

Eu já experimentei crua, prensada numa peça de ferro, imersa em vinagrete.

Clássica, mas muito gordurosa, come-se no Petisco da Vila, à milanesa. É quase um travesseiro de óleo.

O mestre Pasquale faz a berinjela tipo bife rolé, com anchova ou alichela.

Na Adega Pérola, o legume é cortado de comprido, finas tiras verticais, e servido com muito azeite, pimenta calabresa desidratada e alho frito.

A minha dica é, antes, ferver com uma quantidade cuidadosa de sal grosso a água que vai cozinhar a berinjela.

- Deixe para cortar perto da água fervente para não escurecer esse quase pimentão preto.
- No que escorrer, leve logo para a bandeja com o azeite, a pimenta e o alho.
- Não economize no azeite extravirgem.
- Decore com salsinha.

Eu costumo pedir esse prato como complemento, juntando com linguiças cozidas no vinho, queijos fortes e pão fresco. Dá certo.

Beber um vinho torna a pedida mediterrânea.

Mais uma vez, parêntesis.

* * *

Eu fazia um show com Walter Alfaiate no extinto Mistura Fina, importante casa de música na Lagoa, Rio.

Nesse lugar, é frequente a presença de artistas como Ron Carter e John Pizzarelli. Padrão Black Label.

Combinei um número com o Mario, maître do salão.

O roteiro incluía um momento solo no palco, só eu e Walter. Luzes em foco, eu grito para o Mario:

– Anfitrião, traga algo para a gente beber!

O maître sobe com uma garrafa estilizada de Magnífica, cachaça de Vassouras, e dois cálices apropriados.

Brindamos e bebemos.

João Luiz, o dono da aguardente, assistia ao show. No fim, entre abraços no camarim, se confessa surpreso por terem aceitado essa cena com cachaça, bebida proibida nos balcões classe A.

Estava tão eufórico que pensei em parafrasear Neil Armstrong:

– Um pequeno gole para um homem, uma grande dose para a humanidade.

* * *

Sento ao lado do Edgard, meu amigo de doses inconfessáveis. Acho que, ironia, pedimos uma garrafa de São Paulo, forte cachaça paraibana.

Pensamos num formato e, com um pequeno pires, o cálice da purinha, decorado com minitorresmos usados em caldinhos, a porção definida para servir uma cachaça: algo sutil para arrumar a boca quando a garganta arde no álcool.

Chegamos no Jaguar mais alegres que o ideal.

Crediataria isso não somente aos 43 graus de São Paulo, mas também à forma de encarar essa temperatura.

Quem sabe Sampa, o xará na unidade federativa, não gosta da ideia? A gente ancora o navio Pirajá, enche de barris de aguardente e apresenta, fora do porão, a bebida para bocas exigentes.

Num sábado de céu azul, entre pires decorados com jilós fritos ou vôngoles no vapor, uma carta de importantes cachaças brasileiras abre novo ciclo da cana-de-açúcar nas terras de Martim Afonso de Souza.

* * *

Jonas, o garçom mais educado do planeta, acomoda vinte garrafas na bandeja e oferece a bebida sob o olhar curioso dos fregueses.

Receosos, pedem a Havana, a mais cara e sofisticada aguardente mineira.

Aos poucos, Claudionor, Providência, Lua Cheia e Boazinha entram no páreo, e a dispensa evapora em contato com a tarde até a última gota decretar:

– Está aberta a temporada de cachaças em bares estilo anos 50...

DICA MUSICAL
"A verdade é pura"
(Moacyr Luz)
PEDRO PAULO MALTA E ALFREDO DEL PENHO
Cachaça dá samba, Deck Disc, 2007
PARA OUVIR ENQUANTO LÊ

Página ao lado:

CARTOLA
1962

Para fechar esse assunto, o vale do Jequitinhonha, uma das mais pobres regiões de Minas Gerais, hoje desfila de carro novo na principal avenida de produtos destilados e de todos os lados dos botequins mais vagabundos.

* * *

Comecei a beber profissionalmente antes do dezoito anos. Morava no Méier, bairro de Hélio Delmiro e João Nogueira.

Numa rua estreita, existia uma dessas mercearias de administração familiar.

É o tipo de lugar em que você entra quando se esqueceu de comprar algo no grande mercado.

O lucro da cerveja ali era mais da entrega em domicílio, duas numa sacola para viagem, um vale dos cascos anotado, coisas assim.

Cismei de beber ali, entre as batatas e grosas de ovos na embalagem apropriada.

Depois descobri um queijo parmesão Faixa Azul. Ele pesava uma fatia grande e, no próprio papel de embrulho eu beliscava a peça aguçando a gelada.

Um dia, vieram mais amigos. O dono, às escondidas, colocou meia dúzia de *bramas* no freezer dos sorvetes. E me fez uma surpresa.

Comprou três tipos diferentes de queijo e enfeitou o balcão, tirando os ovos e outros tubérculos.

O mercadinho em pouco tempo ganha cartazes de show nas paredes e um rádio na estação da moda, e a esposa do dono frita sardinhas enquanto alguns caixotes, servindo de cadeira, são o novo mobiliário na calçada em frente.

* * *

No Méier, eu me tornei definitivamente fã do compositor João Nogueira.

Ele bebia regularmente numa taberna chamada Dom Rodrigo, na Silva Rabelo.

A minuta era uma caneca de vinho tinto e algumas rãs dorées.

Comi várias vezes esse bichinho saltador na esperança de ganhar inspiração para os sambas que sonhara fazer.

Nessa época conheci o primeiro *boom* do bacalhau, com o surgimento do Rei do Bacalhau da rua Guilhermina, Engenho de Dentro.

Outros bares com a mesma coroa invadiram bairros do subúrbio, e até hoje o bolinho de bacalhau impera entre as frituras mais pedidas. Deve perder para a batata frita, que, como comida de boteco, eu não suporto.

O Rio é quente.

As pessoas precisam estar na rua, andar sem camisa, se puderem sem as calças também.

De bermudas, chinelo de dedo e um copo de cerveja ou chope na mão que assina.

👉 Intervenção

A LENDA é a de que, em 1962, ao ver passar a coisa mais linda e mais cheia de graça, Tom Jobim e Vinicius de Moraes, sentados a uma mesa do bar Veloso, em Ipanema, puxaram respectivamente o violão e a caneta e, ali mesmo, no botequim, compuseram de estalo o samba "Garota de Ipanema". Bons tempos aqueles, em que uma canção que se tornaria uma das duas ou três mais gravadas e executadas na história mundial da música popular podia ser composta em tão poucos minutos, entre um chope e um uísque, enquanto o garçom passava o pano na mesa ou servia uns piriris.

Pois é uma lenda, mesmo, porque isso nunca aconteceu. Tom e Vinicius eram homens sérios: iam ao botequim para beber, não para trabalhar. E, mesmo que Tom quisesse trabalhar ali, não poderia, porque o então proprietário do Veloso proibia violão na mesa. Além disso, Tom nunca compunha ao violão, mas ao piano, em casa, com todo o sossego. Portanto Tom escreveu a música de "Garota de Ipanema" em sua casa – na época, na rua Barão da Torre, 107 (acabara de mudar-se da Nascimento Silva, idem) – e Vinicius, a letra, no apartamento de sua mulher, a linda Lucinha Proença, no Parque Guinle, dando-lhe os retoques finais na casa que eles mantinham em Petrópolis.

Ah, sim. Anos depois, o Veloso tornou-se o Garota de Ipanema e pendurou na parede um pôster com a letra do samba, para esquentar a lenda. No que fez muito bem. Mas que o samba não foi composto ali, não foi, não.

Os encontros são nos bares. Os desencontros também, horas perdidas entre a saideira e o último trem. Entre ser casado e ex-casado.

A cidade compete veladamente pela bebida mais gelada, em que a cerveja vem em véu de noiva e o chope "dourado da felicidade".

A expressão entre aspas é do maestro Tom Jobim, que inventou o Veloso, que virou Garota de Ipanema e até hoje vive da lenda sobre o clássico da Bossa Nova.

Tom depois seguiu para a Cobal do Leblon e ali, um mercado de frutas, legumes, verduras e algum pescado, mudou a razão social, assim como inúmeros bares em seu entorno.

Andarilho, ele seguiu para o Plataforma, e a churrascaria ganhou excursões de fanáticos querendo ver o gênio bebendo sua *pipoquinha*, nome com que batizou o chope garoto.

Há um movimento irreverente neste espaço chamado *butiquim*.

O Jaguar bebia no Jangadeiros. Decorando o espaço, um quadro chamava a atenção. O sujeito sentado no bar. Ao fundo, o cogumelo clássico de uma bomba atômica, e o camarada, apontando para o garçom:

– A saideira!

* * *

Por aqui ainda resistem o Bar Luiz e o Bar Brasil, ambos frequentados, quando vivo, pelo craque Albino Pinheiro, o inventor da série Seis e Meia de música brasileira.

Um, centenário, e outro, quase, disputam troféus de grandes chopes da cidade. Há uma sobriedade do início da República no trato freguês-garçom. O Brasil, mascote da dupla, vive a euforia do fenômeno Lapa. Essa onda afrouxou a gravata borboleta dos seus escudeiros, e por isso andam aceitando meias porções das salsichas brancas e kasselers defumados.

Parêntesis.

* * *

O computador nos botecos exterminou a meia porção.

Hoje você não pede uma comida, escolhe um código. Aponta para o cardápio e saliva:

– O 382-B está fresco?

– Senhor, eu indicaria o 393. Chegou hoje...

Um dia pedi três fatias de pernil no balcão para acompanhar um chope. Resposta:

– Senhor, infelizmente nosso código de barras não lê pratos fracionados. Sendo assim...

– Vocês têm sanduíche de pernil? Prepara um para mim.

Ele cortou três fatias do pernil, e, quando abriu o pão, fiz voz de susto:

– Sem pão! Só as fatias!

Intervenção

GROUCHO MARX, que era tão engraçado quanto sovina, viveu uma história parecida. Certo dia, pediu uma laranjada num restaurante de luxo em Nova York. O garçom disse, "Não temos". Groucho então perguntou: "Têm pato com laranja?" O garçom: "Sim". E Groucho fulminou: "Então esprema o pato e me traga uma laranjada".

NÃO ENTRO EM BAR QUE ME ACEITA COMO FREGUÊS.

👉 Intervenção

AVENIDA GOMES FREIRE, coração do Centro Velho? Pelo menos para mim, ponha coração nisso, Moacyr, porque, de 1967 a 1970, trabalhei no *Correio da Manhã*, que ficava no 471 da rua, quase de esquina com rua da Relação. Defronte ao jornal, o hotel Marialva, com seu bar preferido pelos editorialistas, mais velhos e abonados – Franklin de Oliveira, José Lino Grünewald, Paulo Francis –, os quais tomavam Black Label e citavam poetas em alemão. Ao lado do hotel, o histórico teatro República. E, ao lado do teatro, um botequim sórdido e querido, onde beliscávamos moelas e bebíamos com Ismael Silva ou Nelson Cavaquinho, que iam quase todo dia ao jornal. Na rua da Relação propriamente dita, bem na diagonal com o jornal, o sinistro prédio do Dops, onde, em abril de 67, vi a lua nascer quadrada, por ter sido preso como estudante numa passeata, no fim da tarde. (Mas durou só algumas horas, porque logo fui solto como jornalista.)

Pertinho do *Correio*, já na avenida Mem de Sá, ficava o Novo Capela, recém-transplantado do Ferro de Engomar – um prédio em bico, perto do largo da Lapa, onde ele se instalara no começo do século 20. Pouco depois, o Ferro de Engomar foi derrubado, dando lugar àquela praça enorme, vazia e fria, ao lado dos Arcos. Ou seja, perdi o velho Capela por questão de semanas, mas peguei-o assim que ele se transformou no Novo.

O gerente bateu na mola que flexiona a gaveta do caixa, mas teve que engolir o pão. O pernil, eu comi.

* * *

O subúrbio carioca é peculiar em botequins.

São Paulo também, eu sei. Uma vez fui parar na Mooca com o Edgard para comer uma alheira assada no azeite. Quase beijei o dono, Elídio.

Como o capítulo é carioca, sigo a rua.

São bares feito declaração de amor, bonitos por dentro.

No Adonis, a frigideira de bacalhau custa o preço de cinco garfos na cotação de especialista. Comem seis e ainda sobra para uma *quentinha*.

Perto dali, o Amendoeira, que vendia quase cem quilos por dia de carne-seca na farinha.

O bar recebeu o apelido por conta da árvore que fazia sombra por toda a calçada.

Nem essa brisa impediu que o dono, César, morresse atracado a um freguês furioso com o atendimento.

Vale incluir o angu à baiana entre os pratos especiais do cardápio.

No Adonis a iguaria é servida aos sábados. Se não chegar cedo, vai raspar o fundo da panela.

Meu querido Ricardo Garrido, um dos Pirajás, conhece meio mundo, mas não larga esses bares da memória.

Por respeito, não posso omitir o bar A Paulistinha, embora o lugar ande bem caidinho.

Fica na Gomes Freire, coração do Centro Velho.

Perto da Candelária, o especial Paladino, bar-armazém com o melhor sanduíche da cidade.

Foi a uma das antigas mesas do salão que sentei com os cinco amigos e dividi uma fritada de queijo e cebola. Fome de temperos, sede de ideias.

O coração arpoado de Pirajá quer servir cultura, remover a raiz do samba como anfitrião.

* * *

A generosidade dos cavaleiros está distante de inventadas rixas nessa ponte aérea. Rio e São Paulo se visitam desde as curvas da estrada de Santos, desde Pelé no Maracanã, antes de Macunaíma ter Grande Otelo encarnando o texto de Mário de Andrade.

* * *

Mário, um pensador paulista. Escreveu um lindo poema de que reproduzo trecho:

Quando eu morrer quero ficar
Quando eu morrer quero ficar,
Não contem aos meus inimigos,
Sepultado em minha cidade,
Saudade.
Meus pés enterrem na rua Aurora,
No Paissandu deixem meu sexo,
Na Lopes Chaves a cabeça
Esqueçam.
No pátio do Colégio afundem
O meu coração paulistano:
Um coração vivo e um defunto
Bem juntos.

O rosto que encarna o herói sem caráter é de Grande Otelo, um mineiro que viveu dias fulgentes na Urca carioca e zanzou tanto em redutos de samba que compôs "Praça Onze" ao lado do mangueirense Herivelto Martins.

Fritada de queijo, cebola e presunto

NÃO ME IMAGINEI escolhendo uma fritada como um dos melhores tira-gostos que já experimentei.

Nas estufas de botequim vagabundo, é comum encontrar uma fritada de carne assada, maneira sincera e honesta de aproveitar o último pedaço da peça principal do balcão.

Essa, não. Foi feita exclusivamente para ser fritada de queijo, cebola e presunto.

- Para uma porção de tira-gosto, eu uso 3 ovos.
- Pimenta-do-reino, queijo e presunto cortados em tiras finas.
- 1 cebola cortada em lâminas e amaciada na manteiga.
- Use uma pitada de farinha de trigo para dar volume à fritada.
- Sal a gosto, claro.
- Óleo para untar a frigideira antiaderente.
- Misturados os ovos com a farinha, sal e pimenta-do-reino, jogue na frigideira com o óleo já aquecido.
- Logo depois, acrescente o queijo, o presunto e a cebola já amaciada.
- Com a escumadeira, vá ajeitando a fritada na frigideira.
- Se você se garante, use a tampa de uma panela e vire a fritada para igualar o tom da fritura. Senão, use a mesma tampa só para cobrir a frigideira, controlando o cozimento.
- É indispensável o cheiro-verde pouco antes de ficar pronto.

No Paladino, o sujeito come a fritada também com batida de limão, mas o forte é o chope na pressão.

Para não causar ciúmes, um trecho do samba:

Vão acabar com a praça Onze,
Não vai haver mais escola de samba,
Não vai…
Chora o tamborim,
Chora o morro inteiro.
Favela, Salgueiro,
Mangueira, Estação Primeira
Guardai os vossos pandeiros, guardai,
Porque a escola de samba não sai.

Abrindo janelas, os cinco, quando fundaram o Pirajá, queriam mais que um manifesto futurista.

Página ao lado:
HERIVELTO MARTINS
1972

É a travessa onde as cidades se flertam, hálitos próximos, as duas comendo no mesmo palito e caçoando, carinhosas, quando apontam o sinal ou o farol.

* * *

Ainda restava um compromisso antes dos cinco regressarem à base paulistana – conhecer o pintor Nilton Bravo.

Nilton herdou do pai o talento de pintar a natureza, pássaros, árvores de qualquer fruto, até, quadro pronto, decorar as paredes de açougues, mercados e bares, muitos bares.

As paisagens se confundiam de propósito, dizem alguns, para prender o freguês no balcão discutindo o itinerário do mural.

Quando o Pirajá finalizava a obra, foi decidido que uma pintura do Michelangelo dos botequins teria que estar numa parede do bar.

Difícil foi encontrar o esquecido pintor.

A solução foi escrever um anúncio no principal jornal da cidade, quase um procura-se.

Localizado, pintou o Cristo Redentor nas margens da lagoa Rodrigo de Freitas e o Pão de Açúcar banhado pelas mesmas águas.

DICA MUSICAL

"Além da razão"
(Sombra, Sombrinha e Luiz Carlos da Vila)
BETH CARVALHO
Alma do Brasil, Polygram, 1988

PARA OUVIR ENQUANTO LÊ

☞ Intervenção

E PRINCIPALMENTE se comendo uma à outra, o que acontecia o tempo todo nos anos 80 com os jornalistas cariocas que trabalhavam em São Paulo. Sem nomes aqui, para não comprometer ninguém, mas pode-se dizer que, conscientemente ou não, as meninas de São Paulo foram excepcionais na sua campanha para a mais gastronômica (no mau sentido) e deliciosa aproximação entre as duas cidades.

Tradição mantida, o quadro representa a preservação da memória, uma referência de época agora cruzando a óleo outra cidade.

* * *

Mesmo com a encomenda, só nesse dia os cinco conheceram o artista. Regado ao belo chope do Bar Luiz, foi um prêmio à fidelidade do trabalho.

Tempos depois, outro craque do enredo, Antônio Rodrigues, dono de todos os Belmontes cariocas, trouxe Nilton Bravo para caprichar num tucano que rebrilha na sede de Copacabana.

O mestre morreu em setembro de 2005. A amizade com o grupo estreitou, e ele ainda produziu um quadro inspirado no bairro da Mooca, pendurado na Bráz Pinheiros.

* * *

Na despedida, portão de embarque, o guarda anotando um táxi bandalha, pensamos juntos: é preciso samba nesse botequim. Se o salão é pequeno, o bar batiza a festa, e a gente escolhe um palco do tamanho dessa importância, tradução da alma brasileira, o ritmo do nosso postal.

Não poderia haver título melhor: Pirajá, Esquina Carioca – A Raiz do Samba.

Eu já tinha levado dois ícones para conhecer a nossa embaixada etílica: Beth Carvalho e Luiz Carlos da Vila.

Walter Alfaiate era o ídolo dos cinco. Eu, fã do João Nogueira, marquei com o craque de comer lá no Pira um bacalhau, o preferido dele.

Equilibrando um pouco os sexos, a diva dona Ivone Lara, para nos abençoar de vez.

Ricardo e Edgard sugerem o nome do Elifas Andreato para emprestar com toda a sua bagagem um olhar sobre o projeto.

Página ao lado:

ADEGA FLOR DE COIMBRA
Centro, Rio de Janeiro
2009

Página ao lado, acima:
SHOW ESQUINA CARIOCA –
DO BAR DO LUIZ AO PIRAJÁ
São Paulo
2001

Página ao lado, abaixo:
ESQUINA CARIOCA – UMA NOITE
COM A RAIZ DO SAMBA
Walter Alfaiate, Dona Ivone Lara,
Moacyr Luz, Beth Carvalho,
Luiz Carlos da Vila e João Nogueira
1999

Sentamos ao redor de uma garrafa de *schnapps*, buscando no delírio a sobriedade para riscar um roteiro.

* * *

O último lance desceu num gole só:
– Que tal Nelson Sargento cantando especialmente "Samba agoniza, mas não morre" no bis do espetáculo? Um alerta ao público, uma homenagem ao baluarte mangueirense?
Os ingressos se esgotaram semanas antes do show marcado para o dia 21 de março de 1999, no palco do antigo Tom Brasil.
A festa foi de todos, artistas e plateia.
Nós nos colocamos no meio do público enquanto a boca do palco estilizava uma parte do Pirajá, mesas e chope sendo servidos aos amigos que ajudaram a escrever este capítulo.
Modestamente, inesquecível.

* * *

Com a ideia de esquina, cada artista chegava ao palco vindo de uma direção da pista.

DICA MUSICAL
"Yanga"
(Dona Ivone Lara)
DONA IVONE LARA
Esquina Carioca, Dabliu, 2000
PARA OUVIR ENQUANTO LÊ

72

Cantando com microfone sem fio, surgiam do vazio para euforia do público.

Enquanto o show acontecia, ambulantes vendiam amendoim e engraxavam sapatos entre as mesas. Um desejo amistoso de que todos estivessem na Cinelândia, ou melhor, numa Sapucaí dos nossos desfiles.

Uma cena ainda guardo.

O show quase no fim, um refrão sendo repetido mais vezes, delírio total, o João Nogueira encosta em mim e sussurra:

– Ô meu cumpade, vamos terminar isso porque estou doido pra comer o bacalhau do Pirajá!

Está gravado, acreditem.

Em janeiro de 2000, nove meses depois, é lançado o CD *Pirajá – Esquina Carioca, uma raiz do samba*.

O coquetel no salão do bar fez a fila dobrar a curva da Faria Lima para autografar os discos. As bandejas de chope pareciam auréolas sob as cabeças dos boêmios.

Aquilo parecia um botequim de porta de escola de samba em dia de final de disputa.

Dona Ivone me chama:

– Ô Moa, a mão tá dormente... Não aguento mais assinar.

Fui ao caixa e perguntei quantos discos tinham sido vendidos.

– Quatrocentos e oitenta e cinco – ele respondeu.

Paramos nesse número e fomos tratar de improvisar uma roda de samba.

Mario, um dos cinco cavaleiros, entrou em desespero quando o primeiro acorde soou.

Meia hora depois, era ele quem puxava o coro de "Vou Festejar", sucesso estridente da madrinha Beth Carvalho.

Esse trabalho foi um marco para entender a proposta desse bar.

Página ao lado, à direita:

BETH CARVALHO NO PIRAJÁ
1999

A calçada em volta, construída com as ondas negras da Avenida Atlântica em pedras portuguesas, aportava outro sentido, no horizonte do Pirajá. Um sol de novos tempos, novos sambas, outras tribos unindo duas cidades, grifes do Brasil.

Era o fim de um milênio, medo de *big* alguma coisa, computadores trincados, previsões apocalípticas, um contrato encerrado para assinar outro.

Vamos tratar de viver.

Meu mestre Lan, o maior cartunista vivo deste país, conhece o estabelecimento, se encanta e prepara para o Natal daquele ano um cartão postal ilustrando seus ilustres frequentadores.

O querido Sergio Cabral, pai, aceita o convite e participa de uma noite de autógrafos com alguns de seus fundamentais livros, como *As escolas de samba do Rio de Janeiro* e *No tempo de Ari Barroso*.

Modestamente, aproveitei a intimidade e relancei na mesma mesa a versão em CD do disco *Moacyr Luz – 1988*.

Roberto Moura, que partiu tão precocemente, por ali também passou, apresentando seu livro *No princípio era a roda*, assim como o Guilherme Studart, com seu *Guia de botequins*.

Para permanecer carioca, o jornalista Luiz Fernando Vianna pôs a cara e assinou nas mesas sua biografia sobre Zeca Pagodinho, e outro grande amigo, também Luís, o Pimentel, montou sua barraquinha dentro do salão e vendeu todos os números da sua *Revista Música Brasileira*.

O ritmo impregna as paredes, e Ruy Castro, imbatível, lança com fila na porta o *Ela é carioca* e depois *Rio Bossa Nova*, elegias à cidade.

Os cinco também assinam algo fundamental na minuta: Compromisso.

Foi com esse substantivo que cruzamos o portão da Vila na rua Julio Fragoso, em Madureira, para que os cinco conhecessem o cafofo da Surica.

76

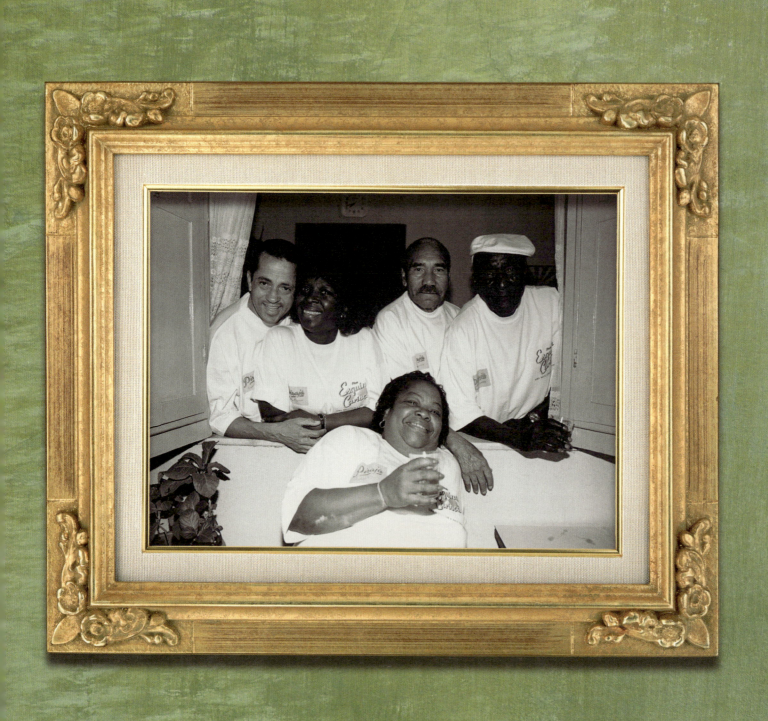

Recebidos pela Velha Guarda da Portela ainda no tempo dos imortais Jair do Cavaquinho, Argemiro e Casemiro, da maravilhosa Tia Doca, todos até hoje presentes espiritualmente, serviram um talharim com frango, prato que segurou a disposição de beber e de ouvir samba a tarde toda.

Nesse mágico encontro, também estavam presentes a Teresa Cristina e o nosso padrinho Walter Alfaiate, além, claro, do mestre Monarco, de dona Eunice, da Áurea e dos imprescindíveis Carlinhos Sete Cordas e Cabelinho.

Guardada a receita, uma feijoada foi prometida na cozinha paulistana. A gente leva o ingrediente, a Surica põe a mão.

* * *

Nessa altura do campeonato, julgo que entrando o returno, outros bares *estilo anos 50* com as mesinhas de mármore e pés de ferro foram perdendo o fôlego.

Página ao lado:

VELHA GUARDA DA PORTELA
Cabelinho da Portela, Áurea Maria,
Jair do Cavaquinho, Argemiro Patrocínio
e Tia Surica

DICA MUSICAL

"Samba do avião"
(Tom Jobim)

TOM JOBIM

Tom Jobim inédito, Biscoito Fino, 1987

PARA OUVIR ENQUANTO LÊ

O sujeito não pode comemorar a data de Cosme e Damião em dias separados. Hoje Cosme, amanhã Damião.

Parêntesis.

* * *

Eu me lembro de uma história clássica do Nelson Rodrigues. Ele conta ter chegado atrasado ao Maracanã, pegando o elevador às pressas, cumprimentando poucos.

No mesmo vagão, uma madame de nariz empinado e seu marido. Quando chegam ao andar marcado, as portas se abrem, o verde do gramado se destaca, lindo, a partida começada, e a madame pergunta ao consorte:

– Querido, quem é a bola?

* * *

O Pirajá virando bar de rua. Aquele da passadinha antes de voltar para casa. A moda fazendo a curva, e a turma lá dentro falando alto, reclamando do preço, vivendo as diferenças enquanto da cozinha vem o tilintar de um sino hipotético:

DICA MUSICAL

"O quitandeiro"
(Monarco e Paulo da Portela)

MONARCO
Monarco, Continental, 1976

PARA OUVIR ENQUANTO LÊ

Caldo de galo

ESSA RECEITA eu aprendi no Paulistinha, que faz uma grande festa todo 23 de abril, dia de São Jorge.

O difícil é encontrar o galo. Só mesmo um intermediário, um olheiro, para descobrir a ave.

O negócio é o seguinte: é carne muito dura, tem que ter paciência e panela grande para amaciar o bicho.

- Galo limpo, tempere bem de leve com vinagre, sal, cebola e alho para também aliviar o sabor forte...

- Ponha para ferver na água com esse primeiro tempero. Quando cozinhar, deixe esfriar e desosse.

- Para cada galo, 2 quilos de batata picada cozida na água da fervura, até virar uma pasta, um caldo grosso.

- Junte a carne bem desfiada, apure o sal e acrescente pimentão, tomate, azeitona e cenoura, tudo picadinho.

- Depois, muito azeite, mais água para o caldo, salsa e cebolinha.

- Qualquer coisa, engrosse com maisena...

Uma boa cachaça transforma esse caldo num apoio para não perder o rumo.

– Solta um caldo de galo que hoje é dia de São Jorge!

* * *

O mar é uma das diferenças entre as duas cidades.

Um tal de Oparin, cientista russo, escreveu uma teoria que afirma: a vida começou na água.

Acaba que o mar também causa diferenças na mesma cidade.

Raros são os humanos que vivem sobre o mar, mas acordar com ele à vista tem um preço.

Na minha tese particular, quanto mais longe o mar, maior o porre. São outras ressacas.

No Rio, anda-se sem camisa, sarados ou não.

O calor é grande, e, feito um posto de saúde, cada esquina tem um botequim para emergências hidratantes.

No Bracarense, bebe-se de sunga. A barriga, mais econômica, se dobra mais à razão da rua para notar a garota do Leblon. Sentam numa cadeira de praia, têm os cabelos lisos e um leve andar de investimentos garantidos.

Quando arriscam a carne-seca desfiada, sabem que toda a gordura foi retirada e exigem uma farofa de manteiga estrangeira e a couve cortada com *cuchillo* espanhol, desses que dissecam jamón pata negra.

Polvo à vinagrete é uma pedida. E palmito, muito palmito, nirá, alho-poró e aspargos frescos.

Não há preconceito nesse cardápio. Eu salivo para berinjelas e pimentão vermelho.

Do outro lado do mar, também descamisados.

A barriga cobre a fivela do cinto na bermuda. Encostada no balcão, quer ver o que sai da cozinha. Foi-se o tempo em que notava a vizinha. Ela pode ser parente do chefe do movimento e, assim, um olhar "distraído" basta.

Senta no engradado, pede a carne-seca no feijão, exige entremeada e, do salaminho pendurado, só uma fatia para abrir a goela. Quanto mais grossa, melhor.

Concordo, é uma caricatura.

Acontece que são botequins diferentes.

Na zonal sul, o bom pé de cana é uisqueiro.

Na banda afastada, tem os reis da genebra, dos conhaques Palhinha, Dreher e alcatrão. Os que trazem de casa as batidas de limão e maracujá, os da purinha com São João da Barra e até Fogo Paulista, que já dizimou muita gente.

Se o cliente viaja para o Nordeste, volta com uma carne de sol para fazer na calçada.

O mais paciente prepara o molho à campanha. O duro tempera o cuzinho da galinha. Gordura pura.

Tem feijão gordo, com garganta e orelha na receita, torresmo da pele comprada na feira, chouriço do sangue de porco e, para cortar as bactérias, pimenta caseira. Nitroglicerina pura *in vitro*.

O meio-termo desse quadro estilizado se volta para mim como o ideal de bar.

O que pulsa no prazer e na azia.

Ou o pequi. Cuidado que envenena.

*　*　*

Uma tarde noto o teto do Pirajá mais baixo, rebaixado.

Deduzi ser uma estratégia de marketing com as bebidas na prateleira mais perto das mãos, ou da vista, para não recorrer ao exagero, o desejo e o material. Enfim, coisas do mundo consumista.

Nada.

O teto sofrera um tratamento acústico para amenizar o bafafá diário do cliente exasperado.

– Ué, isso existe?

Achei um apêndice desnecessário àquele órgão de álcool e acepipes.

O problema é que, depois disso, reparo sempre no volume da conversa quando a parede apela somente para a cal para selar barulhos.

– Rapaz – falei sozinho –, esse troço ajuda.

O mesmo espanto sofri quando assentei no piso do nosso bar paulistano.

Acolchoava.

Nascia em botequim o piso hidráulico.

– Ué, faz diferença?

Não, não faz.

Parêntesis.

* * *

Houve um tempo em que rodapé de balcão era bordado de serragem.

O sujeito que não cuspisse em botequim era expulso veladamente da confraria do bar.

Se houvesse um quadro, a foto dele estaria virada.

☞ Intervenção

OS BOTEQUINS não têm culpa se, às vezes, seus frequentadores não dominam a etiqueta do lugar. No tempo em que morei em São Paulo, nos anos 80 e parte dos 90, nunca me conformei com a ausência dos botequins sórdidos, estilo carioca, nem menos ainda com a solução encontrada por São Paulo para substituí-los: as padarias. Para mim, não há lugar mais inadequado para beber a sério do que uma padaria.

Para os que começam cedo os trabalhos, tipo sete ou oito da manhã, o que pode haver de mais broxante do que sentar-se ao balcão, pedir a primeira e ver o recinto invadido por gente a fim de comer sanduíche de mortadela, tomar coalhada ou comprar margarina? Como beber na presença de senhoras discutindo o preço das geladeiras na Mooca, o penteado de Yoná Magalhães na novela ou a escassez de panetone depois do Natal? Toda vez que isso me aconteceu, preferi pegar minha síndrome de abstinência, sem perder um tremido, e ir beber alhures – o que costumava ser, por inevitável, mais uma padaria, só que vazia.

As padarias são "família" demais para quem gosta de botequins. E quem leu Freud ou Nelson Rodrigues sabe que não se pode confiar em famílias – são um covil de bandalheiras, mesquinharias e golpes baixos. Em comparação, os botequins, por mais vis em matéria de apresentação e higiene, são de uma pureza absoluta. Neles, depois de um certo grau de álcool no sangue, ninguém é melhor que ninguém, e ai de quem transgredir essa lei.

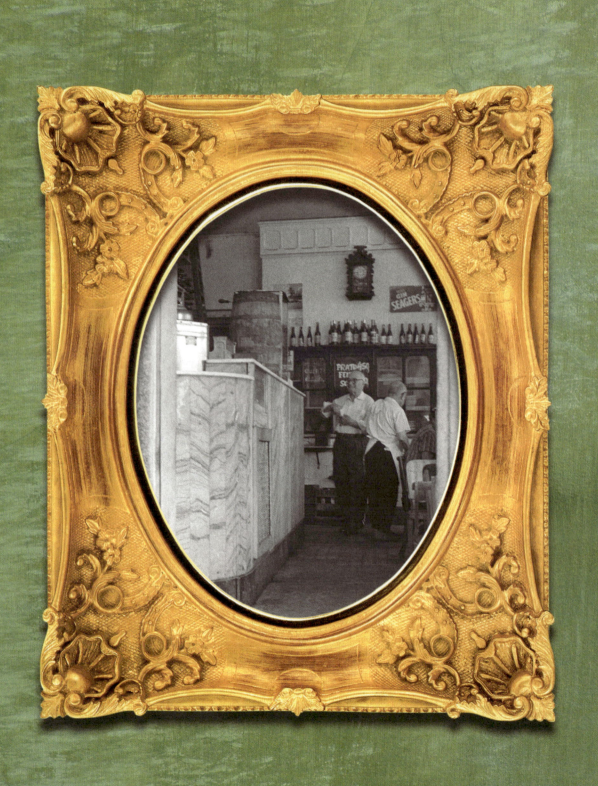

O malandro pedia uma dose qualquer, pingava na serragem um gole para o santo, bebia garganta adentro toda a graduação contida e depois, olhos ardendo em fogo, cuspia o último travo no chão.

Penso, em desnecessárias elucubrações: seria o piso hidráulico uma serragem pós-moderna?

Num domingo de eleição, cinco da tarde, lei seca encerrada, o bar da esquina abre e lota. Fiéis clientes e bebuns de títulos antigos.

O garçom está empolgado, mas é nítida a pouca prática com o serviço. Ele grita para o balcão:

– Oito chopes, quatro refris e copo com gelo e limão!

Um alvoroço na altura da cintura. É a sede de democracia.

O garçom, suando, pega a bandeja lotada até o fim do inox e sai correndo para o esquecido fundo do bar.

Faz um passe de balé, em vão.

Chão molhado, o coitado escorrega na bainha e todos os mililitros daquele volume despencam na cabeça de uma perua que acabara de sentar contrariada com o marido.

Entre os culpados, sobrou até para o governo.

* * *

Hoje é comum encontrar essas melhorias em qualquer botequim vagabundo.

A discussão perde o sentido.

É comum, principalmente em balcão de mármore, implicar com o óbvio.

– Você não viu jogar o Ananias. Esse sim, melhor que o Pelé... – Bom mesmo era quando a estrada era de terra... A praia era deserta, uma maravilha...

– Eu gostava mais da tevê em branco e preto... Detesto controle remoto! Perde a graça!...

Página ao lado:

BAR NO RIO DE JANEIRO
1972

– Não troco minha Brasília por importado nenhum...
– Eu também...
– Só assisto a programas culturais...
– Concordo, enquanto não conhecer meu país de ponta a ponta não viajo para fora...
– É isso mesmo! Prefiro a gordura de porco em barra a arriscar meu estômago com essas canolas ou óleos transgênicos...
– Cachaça só presta se for de cabeça.
– Se você conhecesse minha Olivetti, entenderia meu desprezo por esses micros...
– Já eu pego o uísque, passo um pouco no pulso e cheiro. Se sobrar bouquet, é verdadeiro...
– Isso sem falar no fulano, um injustiçado. O mérito ficou apenas com o Tom Jobim, o rei do plágio... É, é, o rei do plágio!

* * *

E foi o maestro quem proferiu a frase:
– O sucesso incomoda!

* * *

Chega uma hora em que essas miudezas acordam necessárias.
Meu grande ídolo Jaguar, recusando uma excursão etílica, justifica:
– Ô rapaz, eu não tenho mais coragem para isso. Nem pretendo que o meu bar se transforme numa CTI de asseado, mas um conforto é necessário...
Fui dormir com duas dúvidas.
Será que não frequento bares, e sim safáris?
O que eu comi agora foi salmão mesmo? Ou teria sido uma sardinha pintada de rosa?

* * *

Nesse saibro rebato todas as bolas a favor do Pirajá.

☞ *Intervenção*

PRONTO. Agora não tem mais jeito. O Pirajá conquistou Moacyr Luz de tal forma para São Paulo que ele já fala "branco e preto", e não preto e branco, como aprendeu na infância. Não demora e estará chamando as louras de "loiras", sinal de "farol", molho à campanha de "vinagrete", batata-baroa de "mandioquinha" e contracheque de "holerith".

Mas não vamos culpar o Moacyr por vacilar na identidade. O Pirajá é que é o grande culpado pela transformação – por essa, digamos, corrupção de maiores. Eu próprio, ao sair de lá com aqueles pastéis no bucho, mais de uma vez fiquei na dúvida se tomava um táxi ou ia a pé para casa. E olhe que moro no Leblon – no Rio!

Eu, que já opinei sobre azeite em boteco, assisti à estreia do extra-virgem nas mesas do lugar. Para fechar o galheteiro, pimenta-comari ou Tabasco.

Não quero avacalhar. Se eu fosse contar os vidros de pimenta mofada que encarei na vida... Todas com a "descoberta" do canudinho prendendo o ar, entendem?

E azeite?

Um óleo que consegue estragar o paladar de um simples pão de padaria raspando o fundo do prato.

Como chegar ao fim do dia vivo?

Set final.

Vamos fazer um encontro de conversa fora e comida de verdade.

O Pirajá promove o primeiro Mês de Delírio da Baixa Gastronomia.

Uma mesa com Ruy Castro, Baiano e o abusado aqui, inventando teorias inúteis sobre empadinhas, moelas e espumas do chope, enquanto nossa pastora Surica orientava a fervura dos salgados que serviriam a feijoada.

O salão ferveu.

De quebra, Paulão Sete Cordas comandando uma roda de samba aos moldes da Vicentina, saudosa portelense.

O viés disso tudo é que poucos anos depois, nas eleições promovidas pela imprensa, o Pirajá ganhou como a melhor feijoada de São Paulo.

É a corrente das cidades.

* * *

Antes do primeiro Delírio, outros aconteceram.

Em 2001 fizemos o Esquina Carioca 2 – do Bar Luiz ao Pirajá.

De novo, biográfico, participei de um grupo chamado Dobrando a Carioca, ao lado dos amigos Guinga, Jards Macalé e Zé Renato.

Os shows eram concorridos, críticas boas, um bom motivo pra representar o Esquina nessa altura do campeonato.

O detalhe para ser Pirajá era criar uma diferença.

DICA MUSICAL

"Coisa da antiga"
(Wilson Moreira e Nei Lopes)

WILSON MOREIRA E NEI LOPES
A arte negra de Wilson Moreira e Nei Lopes,
EMI-Odeon, 1980

PARA OUVIR ENQUANTO LÊ

Página ao lado:
MOACYR LUZ, GUINGA, ZÉ RENATO E JARDS MACALÉ

Peixe frito

EU CONFESSO que não aceito muita fritura em tiragosto, levando em consideração que o fígado e o estômago já vão apanhar bastante da invernada prometida.

Gosto das comidas de panela.

Acontece que peixe frito tem seu valor, e na árvore genealógica cabe de tudo – sardinha, manjubinha, xerelete, pescadinha, trilha, anchova.

Os temperos são diversos, desde alho, pimenta-do-reino, muito limão, coentro e gengibre até simplesmente sal, para não interferir no paladar marítimo.

O problema é que, na cozinha, empanar o peixe dá trabalho.

Pois desce uma dica:

- Separe os peixes limpos e um pouco secos num saco plástico grande.
- Calcule o sal com base na quantidade de peixe e jogue nesse saco.
- Depois escolha a farinha que vai empanar, de mesa (mandioca), de trigo ou de milho (fubá).
- Não exagere na farinha – deve ser só uma leve cobertura.
- Jogue também dentro do saco plástico.
- Agora, como se fosse uma coqueteleira, balance o saco com o que tem dentro.
- Faça isso com vigor.
- Prepare a frigideira com bastante óleo. Use o macete do palito de fósforo para acertar a temperatura: quando o fósforo acender no óleo, tá na hora de colocar os peixes.
- Diminua um pouco o fogo para a que farinha não escureça rápido demais, deixando o pescado ainda cru por dentro.
- Troque o óleo quando houver muito resíduo no fundo.

Decore com limão. Ou esprema a fruta no copo com cachaça e beba!

Assim, em janeiro do citado ano, subindo o mesmo palco do Tom Brasil, sob a batuta do mestre Elifas Andreato e o apoio criativo e executivo da Trio de Janeiro Produções Artísticas, o grupo Dobrando a Carioca e suas respectivas referências.

Guinga, Jards Macalé, Moacyr Luz e Zé Renato trazem Paulo Moura, Luiz Melodia, Nei Lopes e Elton Medeiros a uma grande viagem musical.

O casamento botequim com cultura comemorando suas bodas de vida.

Jaguar também lança na época o sensacional *Confesso que bebi*, e a matriz carioca assina definitivamente a carteira desse reduto New Bar Esperança.

A embaixada aceita o bastão apresentando com grande repercussão a Carta Cultural, que trazia livros e CDs de artistas do Rio de Janeiro.

A lista é grande de encontros. Talvez em fotos, um álbum de fatos, se consiga a tradução mais precisa da importância de cada um.

Peço ao editor mais páginas.

Falta falar do Esquina Carioca 3, do segundo Delírio da Baixa Gastronomia e dos bolinhos de angu com rabada e manjuba frita, servida na latinha do pescado.

No Rio, bares ajeitam mais os WCs.

Os puristas xingam feito obreiros os novos botecos estilizados, e um traço importante se estabelece: tanto o Corcovado e o Pão de Açúcar quanto a troca do chope do Bar Luiz viram agenda cultural da cidade.

A quituteira Alaíde troca de cozinha e abre seu próprio bar. Leva a reboque Chico, o garçom risonho graduado no Bracarense.

O Pavão Azul, com suas pataniscas, compra metade da outra esquina.

O bolinho de feijoada ganha status de caviar, passa a ser o novo quindim da cidade.

O Bar Brasil aceita dividir a porção do kasseler, e o Adonis abre filial num shopping center.

O Belmonte tá comprando a Mem de Sá quando um gaiato grita:
– Fizeram a unha do pé-sujo!

As mudanças são denunciadas, mas essa desconstrução havia tempos ganhava espaço.

O Vilarino recuperou importante painel-fotografia de seus clientes famosos. Pena que as assinaturas nas paredes foram para o vinagre.

A reforma do Jobi foi muito comentada. Está lá, imponente, uma pintura do Nilton Bravo.

Meu querido Carlinhos sai do Álvaro's e abre e fecha o Antigamente. Na mesma calçada, o Casual, do chefe Santos, vira referência de bom paladar e estende seus domínios até a rua do Rosário.

Página ao lado:

BAR VILARINO
Centro, Rio de Janeiro
2007

☞ Intervenção

ALÉM DESSES, Moacyr poderia ter citado muitos outros, e mais outros, e outros mais. Há um botequim em cada esquina do Rio, e todos com personalidade única – porque esta varia de acordo com a fauna que o frequenta.

Um point histórico da cidade, a esquina da rua Miguel Lemos com avenida Nossa Senhora de Copacabana, abrigou um dos botequins mais influentes da República nos anos 60 e 70: o Bar Osmar, que todos chamavam de "esquina da Miguel". A qualquer hora do dia, era frequentado por gente íntima do poder, como empresários, senadores, deputados, desembargadores, lobistas, tubarões imobiliários, editorialistas de jornal e cronistas de futebol, além de craques do passado, turfistas, poetas, gigolôs, simples bebuns e boêmios em geral – todos democraticamente em pé, na calçada, com a barriga no balcão, tomando seu chope ou caipirinha e conspirando contra ou a favor das instituições. Ali se criavam as anedotas que, depois, se espalhariam pelo país, destruindo a reputação de JK, Jânio Quadros, Carlos Lacerda e os generais da ditadura. Ali também se fechavam negócios com o Estado, denunciavam-se as falcatruas oficiais e se ria muito, à custa dos outros ou deles mesmos.

Um botequim como o da Miguel Lemos funcionava como um conselho popular de cidadãos em assembleia permanente. Sua frequência não se compunha de pessoas que saíam de casa para ir até lá, mas de gente para quem uma passagem por ali, de quinze minutos ou duas horas, fazia parte da rotina diária, geralmente entre a saída do trabalho e a volta para casa. É pelos ventrículos desses botequins que as cidades se oxigenam e respiram.

O Rio, graças, ainda é cheio deles, e não surpreende que seus cidadãos sejam tão militantes e dispostos a aderir a causas perdidas, mas meritórias – porque, com todo o respeito, é nesses botequins que se formam a consciência e a cidadania.

O Bar Joia fecha para reformas, o joelho de porco faz fama no Grajaú, até um bar em Brás de Pina, subúrbio carioca, ganhar o título de melhor tira-gosto do Rio de Janeiro em concurso disputado.

* * *

Metade das páginas desses magazines semanais é dedicada a bares e restaurantes.

E são muitos os que ainda não mencionei. Bar Urca, Dona Ana, Varnhagen, Bar do Costa, Gato de Botas, Codorna do Feio, Araguaia, Beco do Rato, Adega Flor de Coimbra, Bar do Dudu, Otto, Bar do Momo, Getúlio, Aboim, Lord Bar, Escondidinho, Café e Bar Gaúcho, Gracioso, Flor do Tâmega, Bar do Mineiro, Sobrenatural, Bar do Gomes, Vieira Souto, Caranguejo, Bar do Ziza, Adega do Cesare, entre outros distantes no subúrbio e arredores.

Cada qual com seus clientes, seus penduras, seus heróis e, principalmente, seus chatos, os fundamentais em cada bar.

Outra categoria, sempre próxima à entrada, é a do bombeiro hidráulico. Aquele que você contrata quando estão bêbados – os dois, claro – e, no dia seguinte, ele está lá na sua casa trocando o bidê por uma banheira estilizada, um ofurô, algo bem moderno.

103

Aliás, por falar nisso, outro dia vi num estabelecimento bacana uma peça de queijo Grana Padano, estupendo laticínio italiano. Pensei: se colocar um troço desses em muitos botequins cariocas, a clientela tem que sair para o queijo sentar.

* * *

No percurso que escolhi para escrever o livro, uma trilha óbvia: o Pirajá nasce para homenagear a alma desta instituição carioca, as biroscas de histórias vividas.

* * *

Um novo caminho acaba proposto, mas o respeito à tendinha que vende fiado, à meia porção de rabada, ao pão passado na chapa e ao cafezinho no copo americano é intenso e permanece.

* * *

Aos que pegaram o barco, o oceano é grande.

* * *

DICA MUSICAL
"Traíra comeu parente"
(Chico Santana)
SURICÁ
Dona Suricá, Fina Flor, 2004
PARA OUVIR ENQUANTO LÊ

Página ao lado:
"PARADA PARA UM CAFEZINHO"
Rio de Janeiro
1957

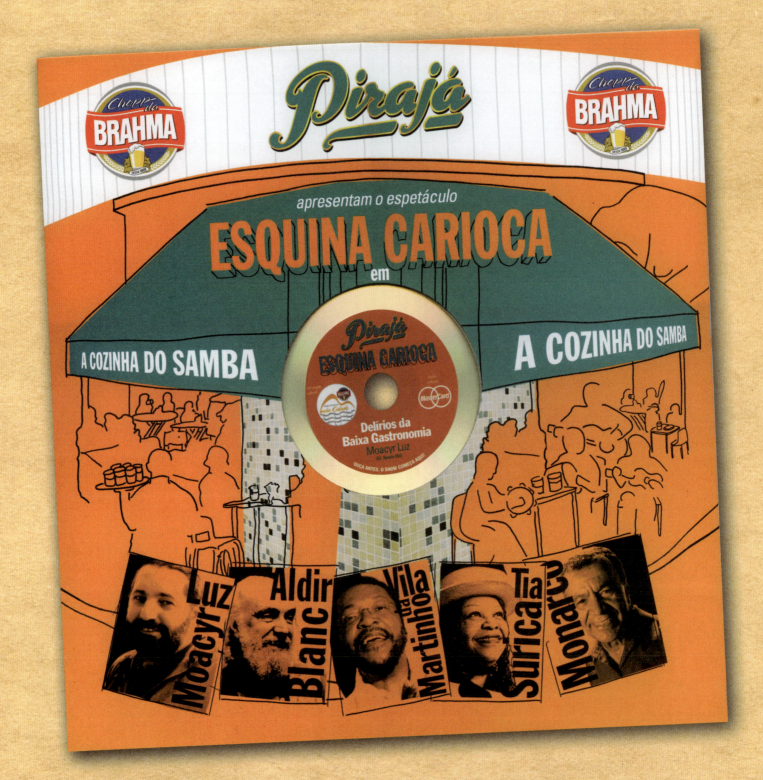

Em 2004 é lançado o Esquina Carioca 3 – a Cozinha do Samba.
A ideia de estreitar as duas propostas, samba e botequim, ganha forma nesse projeto.
Cada convidado incluiria no seu repertório um capítulo nesse enredo de sal, pimenta, cavaquinho e percussão.
No *cast*, meus ídolos. Surica, Monarco, Martinho da Vila e Aldir Blanc.
A querida Surica abre seu repertório cantando "Peixeiro grã-fino":

Peixeiro grã-fino,
Vai na cozinha chamar mamãe, menino,
E diz a ela que tem sardinha, tem peixe-galo e cavalinha...

O palco ainda azul e branco recebe a voz única do mestre Monarco, e os versos saem:

Quitandeiro,
Leva cheiro e tomate
Pra casa do Chocolate, que hoje vai ter macarrão.

Sobe no palco meu parceiro Aldir Blanc. Sua letra é contaminada de Rio de Janeiro. Escolhemos um samba:

Saí com a patroa pra pescar
No farol da Barra uns siris pra rechear.
Siri, como ela cansou de me avisar,
Era o prato predileto do meu cumpade Anescar...

O caldeirão pegando fogo, chega Martinho com seu andar devagarinho:

Batuque na cozinha
Sinhá não quer,
Por causa do batuque eu queimei meu pé...

Eu fiz o que pude. Compus um samba para a ocasião, correndo atrás do cardápio:

Azeite no jiló,
Pimenta fresca no bobó,
A abrideira no balcão de mármore...

Esse era o roteiro do show.
Na hora do bis, algumas surpresas.
Escondido da divulgação, entre os aplausos que pediam a nossa volta, a elegância do genial Wilson Moreira ganha o posto e canta "Goiabada cascão".
Seria a sobremesa? Ainda não.
Uma dupla maravilhosa, Camunguelo e Felipão do Quilombo dividem dois sambas de panela: "Completa a jardineira" e "Tartaruga em fatias".

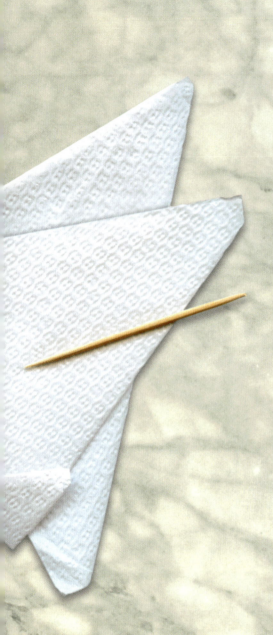

Com a temperatura no máximo, uma homenagem a São Paulo, uma cidade que nos recebe tirando o chapéu.

E o show fecha com o grupo Quinteto Branco e Preto cantando "Torresmo à milanesa", do craque Adoniran Barbosa.

* * *

Um momento musical que tomou sabor no cardápio do Pirajá.

A partir de um manifesto escrito por Ruy Castro, um craque, o bar prepara pratos comemorativos: No Pagode do Vavá (feijão cozido no mocotó); Peixeiro Grã-fino (manjubas fritas na latinha de sardinha); O Quitandeiro (macarrão na manteiga Aviação, servida na lata); Delírios da Baixa Gastronomia (carne de peito com quiabo e alho assado); Cabritada Malsucedida (cabrito à passarinho com alecrim fresco); Linha de Passe (bolinho de angu recheado com rabada); Goiabada Cascão (queijo e goiabada empanados).

* * *

Numa frase popular, o samba está na boca do povo.

* * *

Ainda em 2005, o bar fez o segundo Mês da Baixa Gastronomia.

Eu e Baiano enchendo linguiça até a entrada do Jaguar, que deu uma aula de chope e botequim.

Nas mesas e no salão apertado, mais uma vez nossa Surica e sua feijoada maravilhosa.

A couve é picada à mão, nada de maquininhas.

* * *

O azulejo encardiu, os garçons já são íntimos, o prego na parede torceu com o peso dos penduras, o bar completou dez anos.

Salada de pimenta

BOA COMPANHIA para as sugestões culinárias deste volume é a pimenta. A caseira, então, é quase um troféu na primeira prateleira da cozinha.

Já li num best seller sobre alimentos que a ardidinha é um santo remédio para o mau humor.

Pelo menos, a gente chora rindo.

Minha receita é simples: salada de pimenta.

Eu gosto de misturar cores e tipos. Uso as dedo-de-moça, de cheiro, murici, de bode, camuri e a cambuci, verde e vermelha.

- Para não arder além da conta, retiram-se todas as sementes e os cabos.
- Nessa etapa, cuidado com as mãos. Uma semente presa na unha e levada à toa aos olhos queima muito mais que refresco.
- As pimentas devem ser picadas em tamanho pouco maior que o tradicional vinagrete.
- Calcule também alguns dentes de alho crus – uns 4 ou 5 –, cortados em tiras no comprimento.
- Algumas cebolas-roxas pequenas cortadas em quatro e 1 pepino japonês em rodelas mínimas.
- Escolha uma bela cumbuca de barro e junte tudo.
- Sem economizar, despeje um vidro inteiro de azeite extravirgem.
- Um pouco de sal, meio limão espremido, cheiro-verde decorando.
- Tudo bem mexido com colher de pau, está pronto para acompanhar o peixe frito, as berinjelas, o trio maxixe-jiló-quiabo, a carne-seca, a capa de filé, a fritada quentinha, o roll-mops. Ativa o caldo de galo, e até o torresmo fica mais intenso.

Beba o que apetecer para amenizar o fogo na garganta.

Outro dia, sentei-me à mesa do Nilton Bravo, pedi uma sardinha que chegou acompanhada de um saquinho de pão. Era uma embalagem igual à dos Biscoitos Globo da minha praia.

O detalhe fez ajeitar melhor a saudade. Eu estava de mãos dadas com as referências do meu pequeno universo, os botequins mais vagabundos.

Tradicional, ouço histórias de antigos balcões, e me alivia estar vivendo essa época.

A amizade com os cinco rapazes da van cresceu junto a raiz dos seus bares.

Numa conversa de pé de ouvido, um pensamento único, as portas se abriram pra durar a vida inteira. De ocasião, só a minuta do dia.

O samba permanece nas paredes.

Meu último encontro com o grande Luiz Carlos da Vila foi no Pirajá.

As árvores em frente já dão sombra, o gelo continua apanhando de porrete do tirador oficial, a cozinha aberta para a gente peruar o tempero, o fundo do balcão ocupado por um antigo cliente.

Parece na luz do ambiente que a tradição vestiu a camisa.

O que esperar de nossos bares? Fidelidade.

Assim tem sido o Pirajá.

*A*o nosso querido Walter Alfaiate, que numa hora destas diria: "Vamos ao buffet?"

DADOS INTERNACIONAIS DE CATALOGAÇÃO NA PUBLICAÇÃO (CIP)
(Câmara Brasileira do Livro, SP, Brasil)

Pirajá: uma esquina carioca / [textos Moacyr Luz ;
fotografias Romulo Fialdini]. -- São Paulo :
DBA Artes Gráficas, 2010.

ISBN 978-85-7234-414-2

1. Bar Pirajá - São Paulo (SP) - História
2. Bares - Guias 3. Bares (Culinária) I. Luz, Moacyr.
II. Fialdini, Romulo.

10-08481   CDD-641.5

Índices para catálogo sistemático:
1. Botecos : Comidas típicas : Culinária   641.5

www.ciatradicional.com.br